Alessandro Mirabilio   Emanuela Nobile

CERCARAPIDO

Attività per il potenziamento attentivo

I0455682

Questo libro è stato acquistato su:
www.lulu.com
ID 9275480
ISBN 978-1-4461-7171-4
Prima edizione: settembre 2010
© 2010 - Alessandro Mirabilio / Emanuela Nobile

Grafica e impaginazione: www.ed-essentialdesign.com

• INDICE •

• INTRODUZIONE •

Il programma si rivolge a quei bambini che necessitano di attività supplementari per potenziare la propria attenzione.

L'obiettivo è di lavorare progressivamente sui tempi di concentrazione e di incrementare con il tempo e l'esercizio quotidiano la capacità di selezione e discriminazione percettiva.

Gli esercizi sono pensati e costruiti sulla base delle conoscenze neuropsicologiche. Prendendo spunto quindi dai modelli esplicativi riguardanti il funzionamento psicologico ad impronta cognitivo comportamentale invece si sono articolate le singole attività che si propongono altresì di influire non soltanto sui processi cognitivi, ma anche sull'assetto complessivo del bambino, offrendo a bambino e genitori un momento di comprensione e presa di consapevolezza delle capacità possedute e di come poterle incrementare.

• TRAINING •

Le attività sono per tutti i bambini, dalla scuola primaria alla secondaria, e si articolano in una serie di semplici esercizi da svolgere ogni giorno per una durata complessiva di sei mesi. Gli esercizi prevedono l'impiego di tre variabili complessive a difficoltà crescente (*caratteristiche dello stimolo target, numerosità dello stimolo target, tempo a disposizione*) ed in base alla fase del training le tre variabili vengono manipolate fino ad ottenere una difficoltà che va di pari passo con l'andamento temporale. Il programma prevede due fasi e l'aiuto del genitore che si occuperà di prendere il tempo cronometrandolo. Il bambino dovrà solamente ricercare nella matrice le lettere (*stimoli*) di volta in volta richieste dalla scheda entro il tempo concesso.

Per ogni scheda giornaliera è prevista una piccola autovalutazione e una scheda di valutazione mensile complessiva riguardante la propria performance da un punto di vista quantitativo.

Durante questo periodo di training il bambino impara a dosare a piacimento la propria concentrazione e con l'osservazione dei propri risultati può ottenere un riscontro rapido dei progressi man mano ottenuti imparando in tal modo ad automonitorarsi ottenendo in questo modo un feedback istantaneo che va ad influire sul senso di autoefficacia percepita. Si cerca così di produrre un duplice apprendimento. Da un lato di favorire un aumento dei tempi di concentrazione e della capacità di discriminazione, e dall'altro di produrre un aumento di conoscenza relativo al proprio potenziale ed alla capacità/possibilità di poterlo esprimere o incrementare.

Anche il genitore assieme al bambino potrà così constatare eventuali progressi e/o difficoltà incontrate durante lo svolgimento degli esercizi ed eventualmente supportare il figlio qualora ve ne fosse la necessità.

Durante e al termine del programma, si consiglia comunque la consultazione di uno psicologo specializzato a cui mostrare i risultati registrati sull'eserciziario, affinchè questi possano essere comparati al meglio e valutati al fine di fornire una corretta interpretazione degli stessi e di conseguenza dei progressi del bambino.

*Cerca la **A** in 30 secondi!*

```
A  F  s  y  P  A  H  A  m  w
K  d  A  M  s  q  Z  ò  A  S
P  o  X  A  ù  A  B  §  w  A
c  A  B  t  R  è  ø  A  z  Ω
A  W  y  ∂  A  A  H  A  S  f
O  €  A  x  A  Q  D  d  A  K
X  A  ß  z  C  B  A  A  Z  A
k  L  h  A  ®  E  A  e  V  ¬
A  q  A  n  A  u  U  u  A  u
M  A  Σ  A  @  r  w  A  Y  m
```

Pensieri:

I° MESE
I° settimana   [giorno 1]
30 stimoli

_____

_____

_____

_____   Data:

*Cerca la **A** in 30 secondi!*

A	F	s	y	P	A	H	A	m	w
K	d	A	M	s	q	Z	ò	A	S
P	o	X	A	ù	A	B	§	w	A
c	A	B	t	R	è	ø	A	z	Ω
A	W	y	∂	A	A	H	A	S	f
O	€	A	x	A	Q	D	d	A	K
X	A	ß	z	C	B	A	A	Z	A
k	L	h	A	®	E	A	e	V	¬
A	q	A	n	A	u	U	u	A	u
M	A	∑	A	@	r	w	A	Y	m

Pensieri:

_____

_____

_____

_____

I° MESE
I° settimana   [giorno 2]
30 stimoli

Data:

*Cerca la **A** in 30 secondi!*

A	F	s	y	P	A	H	A	m	w
K	d	A	M	s	q	Z	ò	A	S
P	o	X	A	ù	A	B	§	w	A
c	A	B	t	R	è	ø	A	z	Ω
A	W	y	∂	A	A	H	A	S	f
O	€	A	x	A	Q	D	d	A	K
X	A	ß	z	C	B	A	A	Z	A
k	L	h	A	®	E	A	e	V	¬
A	q	A	n	A	u	U	u	A	u
M	A	∑	A	@	r	w	A	Y	m

Pensieri:

_____

_____

_____

_____

I° MESE
I° settimana   [giorno 3]
30 stimoli

Data:

9

*Cerca la **A** in 30 secondi!*

```
A  F  s  y  P  A  H  A  m  w
K  d  A  M  s  q  Z  ò  A  S
P  o  X  A  ù  A  B  §  w  A
c  A  B  t  R  è  ø  A  z  Ω
A  W  y  ∂  A  A  H  A  S  f
O  €  A  x  A  Q  D  d  A  K
X  A  ß  z  C  B  A  A  Z  A
k  L  h  A  ®  E  A  e  V  ¬
A  q  A  n  A  u  U  u  A  u
M  A  ∑  A  @  r  w  A  Y  m
```

Pensieri:

_____

_____

_____

_____

I° MESE
I° settimana   [giorno 4]
30 stimoli

Data:

*Cerca la **A** in 30 secondi!*

A	F	s	y	P	A	H	A	m	w
K	d	A	M	s	q	Z	ò	A	S
P	o	X	A	ù	A	B	§	w	A
c	A	B	t	R	è	ø	A	z	Ω
A	W	y	∂	A	A	H	A	S	f
O	€	A	x	A	Q	D	d	A	K
X	A	ß	z	C	B	A	A	Z	A
k	L	h	A	®	E	A	e	V	¬
A	q	A	n	A	u	U	u	A	u
M	A	Σ	A	@	r	w	A	Y	m

Pensieri:

_____

_____

_____

_____

I° MESE
I° settimana   [giorno 5]
30 stimoli

Data:

Cerca la **B** in 30 secondi!

A	F	B	y	P	B	H	a	B	w
K	d	ß	M	B	q	Z	B	L	S
B	B	X	A	ß	A	B	§	B	A
c	A	B	B	R	è	ø	ò	z	Ω
B	W	y	∂	p	B	H	B	S	B
O	€	A	B	a	Q	D	B	A	K
X	B	ß	B	C	B	A	B	Z	A
k	L	B	A	®	E	B	e	B	¬
B	q	B	n	A	u	B	u	a	B
M	A	∑	ß	@	B	w	B	Y	m

Pensieri:

_____

_____

_____

_____

I° MESE
II° settimana [giorno 1]
30 stimoli

Data:

*Cerca la **B** in 30 secondi!*

A	F	B	y	P	B	H	a	B	w
K	d	ß	M	B	q	Z	B	L	S
B	B	X	A	ß	A	B	§	B	A
c	A	B	B	R	è	ø	ò	z	Ω
B	W	y	∂	p	B	H	B	S	B
O	€	A	B	a	Q	D	B	A	K
X	B	ß	B	C	B	A	B	Z	A
k	L	B	A	®	E	B	e	B	¬
B	q	B	n	A	u	B	u	a	B
M	A	Σ	ß	@	B	w	B	Y	m

Pensieri:

_____

_____

_____

_____ Data:

I° MESE
II° settimana [giorno 2]
30 stimoli

13

*Cerca la **B** in 30 secondi!*

A	F	B	y	P	B	H	a	B	w
K	d	ß	M	B	q	Z	B	L	S
B	B	X	A	ß	A	B	§	B	A
c	A	B	B	R	è	ø	ò	z	Ω
B	W	y	∂	p	B	H	B	S	B
O	€	A	B	a	Q	D	B	A	K
X	B	ß	B	C	B	A	B	Z	A
k	L	B	A	®	E	B	e	B	¬
B	q	B	n	A	u	B	u	a	B
M	A	∑	ß	@	B	w	B	Y	m

Pensieri:

_____

_____

_____

_____ Data:

I° MESE
II° settimana [giorno 3]
30 stimoli

14

Cerca la **B** in 30 secondi!

A	F	B	y	P	B	H	a	B	w
K	d	ß	M	B	q	Z	B	L	S
B	B	X	A	ß	A	B	§	B	A
c	A	B	B	R	è	ø	ò	z	Ω
B	W	y	∂	p	B	H	B	S	B
O	€	A	B	a	Q	D	B	A	K
X	B	ß	B	C	B	A	B	Z	A
k	L	B	A	®	E	B	e	B	¬
B	q	B	n	A	u	B	u	a	B
M	A	∑	ß	@	B	w	B	Y	m

Pensieri:

_____

_____

_____

_____

I° MESE
II° settimana [giorno 4]
30 stimoli

Data:

*Cerca la **B** in 30 secondi!*

A	F	B	y	P	B	H	a	B	w
K	d	ß	M	B	q	Z	B	L	S
B	B	X	A	ß	A	B	§	B	A
c	A	B	B	R	è	ø	ò	z	Ω
B	W	y	∂	p	B	H	B	S	B
O	€	A	B	a	Q	D	B	A	K
X	B	ß	B	C	B	A	B	Z	A
k	L	B	A	®	E	B	e	B	¬
B	q	B	n	A	u	B	u	a	B
M	A	∑	ß	@	B	w	B	Y	m

Pensieri:

_____

_____

_____

_____

I° MESE
II° settimana [giorno 5]
30 stimoli

Data:

16

*Cerca la **C** in 30 secondi!*

C	F	C	y	P	b	H	a	C	w
K	d	€	M	C	q	Z	©	L	S
B	C	X	h	∫	a	C	§	C	C
©	A	C	M	C	è	ø	C	z	Ω
C	C	y	∂	C	L	C	p	S	P
O	€	S	C	a	Q	D	B	C	K
X	©	Δ	C	C	J	C	w	Z	C
k	L	©	A	®	E	C	e	B	¬
C	q	C	n	C	u	C	u	C	T
M	C	Σ	ß	@	C	w	v	Y	C

Pensieri:

_____

_____

_____

_____

I° MESE
III° settimana [giorno 1]
30 stimoli

Data:

17

*Cerca la **C** in 30 secondi!*

C	F	C	y	P	b	H	a	C	w
K	d	€	M	C	q	Z	©	L	S
B	C	X	h	∫	a	C	§	C	C
©	A	C	M	C	è	ø	C	z	Ω
C	C	y	∂	C	L	C	p	S	P
O	€	S	C	a	Q	D	B	C	K
X	©	Δ	C	C	J	C	w	Z	C
k	L	©	A	®	E	C	e	B	¬
C	q	C	n	C	u	C	u	C	T
M	C	∑	ß	@	C	w	v	Y	C

Pensieri:

_____

_____

_____

_____

I° MESE
III° settimana [giorno 2]
30 stimoli

Data:

18

*Cerca la **C** in 30 secondi!*

C	F	C	y	P	b	H	a	C	w
K	d	€	M	C	q	Z	©	L	S
B	C	X	h	∫	a	C	§	C	C
©	A	C	M	C	è	ø	C	z	Ω
C	C	y	∂	C	L	C	p	S	P
O	€	S	C	a	Q	D	B	C	K
X	©	Δ	C	C	J	C	w	Z	C
k	L	©	A	®	E	C	e	B	¬
C	q	C	n	C	u	C	u	C	T
M	C	∑	ß	@	C	w	v	Y	C

Pensieri:

_____

_____

_____

_____

I° MESE
III° settimana [giorno 3]
30 stimoli

Data:

Cerca la **C** in 30 secondi!

C	F	C	y	P	b	H	a	C	w
K	d	€	M	C	q	Z	©	L	S
B	C	X	h	∫	a	C	§	C	C
©	A	C	M	C	è	ø	C	z	Ω
C	C	y	∂	C	L	C	p	S	P
O	€	S	C	a	Q	D	B	C	K
X	©	Δ	C	C	J	C	w	Z	C
k	L	©	A	®	E	C	e	B	¬
C	q	C	n	C	u	C	u	C	T
M	C	∑	ß	@	C	w	v	Y	C

Pensieri:

_____

_____

_____

_____

I° MESE
III° settimana [giorno 4]
30 stimoli

Data:

*Cerca la **C** in 30 secondi!*

C	F	C	y	P	b	H	a	C	w
K	d	€	M	C	q	Z	©	L	S
B	C	X	h	∫	a	C	§	C	C
©	A	C	M	C	è	ø	C	z	Ω
C	C	y	∂	C	L	C	p	S	P
O	€	S	C	a	Q	D	B	C	K
X	©	Δ	C	C	J	C	w	Z	C
k	L	©	A	®	E	C	e	B	¬
C	q	C	n	C	u	C	u	C	T
M	C	∑	ß	@	C	w	v	Y	C

Pensieri:

_____

_____

_____

_____

I° MESE
III° settimana [giorno 5]
30 stimoli

Data:

21

*Cerca la **D** in 30 secondi!*

h	F	D	y	D	b	H	a	D	w
K	D	€	M	c	q	Z	D	L	S
D	n	X	D	∫	a	D	§	w	D
©	W	D	M	D	è	ø	n	D	Ω
D	T	y	∂	U	L	D	P	S	P
O	€	D	X	a	D	D	B	D	K
X	D	Δ	E	D	J	c	w	Z	D
k	L	©	D	®	D	H	e	D	¬
D	q	T	n	D	u	D	u	N	T
M	D	∑	ß	@	D	W	v	D	M

Pensieri:

_____

_____

_____

_____

I° MESE
IV° settimana [giorno 1]
30 stimoli

Data:

Cerca la **D** in 30 secondi!

```
h  F  D  y  D  b  H  a  D  w
K  D  €  M  c  q  Z  D  L  S
D  n  X  D  ∫  a  D  §  w  D
©  W  D  M  D  è  ø  n  D  Ω
D  T  y  ∂  U  L  D  P  S  P
O  €  D  X  a  D  D  B  D  K
X  D  Δ  E  D  J  c  w  Z  D
k  L  ©  D  ®  D  H  e  D  ¬
D  q  T  n  D  u  D  u  N  T
M  D  Σ  ß  @  D  W  v  D  M
```

Pensieri:

_____

_____

_____

_____

I° MESE
IV° settimana [giorno 2]
30 stimoli

Data:

23

*Cerca la **D** in 30 secondi!*

h	F	D	y	D	b	H	a	D	w
K	D	€	M	c	q	Z	D	L	S
D	n	X	D	∫	a	D	§	w	D
©	W	D	M	D	è	ø	n	D	Ω
D	T	y	∂	U	L	D	P	S	P
O	€	D	X	a	D	D	B	D	K
X	D	Δ	E	D	J	c	w	Z	D
k	L	©	D	®	D	H	e	D	¬
D	q	T	n	D	u	D	u	N	T
M	D	∑	ß	@	D	W	v	D	M

Pensieri:

_____

_____

_____

_____

I° MESE
IV° settimana [giorno 3]
30 stimoli

Data:

24

*Cerca la **D** in 30 secondi!*

h	F	D	y	D	b	H	a	D	w
K	D	€	M	c	q	Z	D	L	S
D	n	X	D	∫	a	D	§	w	D
©	W	D	M	D	è	ø	n	D	Ω
D	T	y	∂	U	L	D	P	S	P
O	€	D	X	a	D	D	B	D	K
X	D	Δ	E	D	J	c	w	Z	D
k	L	©	D	®	D	H	e	D	¬
D	q	T	n	D	u	D	u	N	T
M	D	Σ	ß	@	D	W	v	D	M

Pensieri:

_____

_____

_____

_____

I° MESE
IV° settimana [giorno 4]
30 stimoli

Data:

Cerca la **D** in 30 secondi!

h	F	D	y	D	b	H	a	D	w
K	D	€	M	c	q	Z	D	L	S
D	n	X	D	∫	a	D	§	w	D
©	W	D	M	D	è	ø	n	D	Ω
D	T	y	∂	U	L	D	P	S	P
O	€	D	X	a	D	D	B	D	K
X	D	Δ	E	D	J	c	w	Z	D
k	L	©	D	®	D	H	e	D	¬
D	q	T	n	D	u	D	u	N	T
M	D	Σ	ß	@	D	W	v	D	M

Pensieri:

_____

_____

_____

_____

Data:

26

AUTOVALUTAZIONE IV° MESE

Come valuto il mio lavoro?

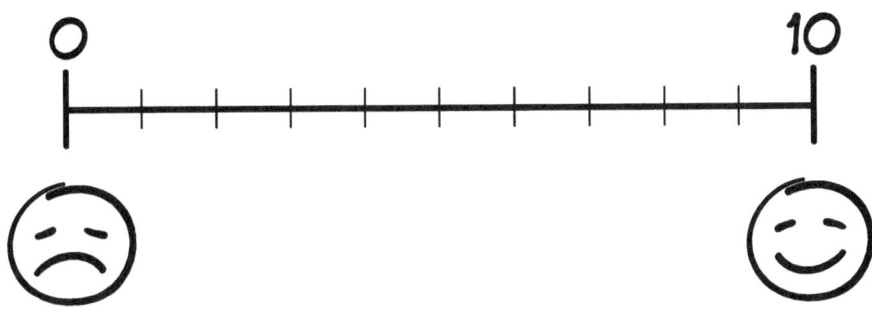

Come mi sento?

_____

_____

_____

_____

_____

Che cosa voglio fare?

_____

_____

_____

_____

_____

*Cerca la **A** in 10 secondi!*

h	F	∂	y	G	b	H	A	N	w
K	A	€	M	Δ	q	Z	K	L	S
B	n	X	P	∫	@	A	§	w	O
©	W	A	M	à	è	ø	n	C	Ω
D	T	Δ	∂	U	L	S	A	S	P
A	€	E	X	p	A	V	B	D	K
X	D	Δ	E	G	J	c	w	Z	d
k	L	©	n	A	D	H	e	D	¬
å	q	T	n	Δ	u	U	u	A	T
M	P	Σ	ß	@	D	A	v	b	M

Pensieri:

_____

_____

_____

_____

II° MESE
I° settimana [giorno 1]
10 stimoli

Data:

28

*Cerca la **A** in 10 secondi!*

```
h  F  ∂  y  G  b  H  A  N  w
K  A  €  M  Δ  q  Z  K  L  S
B  n  X  P  ∫  @  A  §  w  O
©  W  A  M  à  è  ø  n  C  Ω
D  T  Δ  ∂  U  L  S  A  S  P
A  €  E  X  p  A  V  B  D  K
X  D  Δ  E  G  J  c  w  Z  d
k  L  ©  n  A  D  H  e  D  ¬
å  q  T  n  Δ  u  U  u  A  T
M  P  Σ  ß  @  D  A  v  b  M
```

Pensieri:

_____

_____

_____

_____

II° MESE
I° settimana [giorno 2]
10 stimoli

Data:

29

*Cerca la **A** in 10 secondi!*

h	F	∂	y	G	b	H	A	N	w
K	A	€	M	Δ	q	Z	K	L	S
B	n	X	P	∫	@	A	§	w	O
©	W	A	M	à	è	ø	n	C	Ω
D	T	Δ	∂	U	L	S	A	S	P
A	€	E	X	p	A	V	B	D	K
X	D	Δ	E	G	J	c	w	Z	d
k	L	©	n	A	D	H	e	D	¬
å	q	T	n	Δ	u	U	u	A	T
M	P	Σ	ß	@	D	A	v	b	M

Pensieri:

_____

_____

_____

_____

Data:

30

*Cerca la **A** in 10 secondi!*

h	F	∂	y	G	b	H	A	N	w
K	A	€	M	Δ	q	Z	K	L	S
B	n	X	P	∫	@	A	§	w	O
©	W	A	M	à	è	ø	n	C	Ω
D	T	Δ	∂	U	L	S	A	S	P
A	€	E	X	p	A	V	B	D	K
X	D	Δ	E	G	J	c	w	Z	d
k	L	©	n	A	D	H	e	D	¬
å	q	T	n	Δ	u	U	u	A	T
M	P	Σ	ß	@	D	A	v	b	M

Pensieri:

_____

_____

_____

_____

II° MESE
I° settimana   [giorno 4]
10 stimoli

Data:

31

Cerca la A in 10 secondi!

h	F	∂	y	G	b	H	A	N	w
K	A	€	M	Δ	q	Z	K	L	S
B	n	X	P	∫	@	A	§	w	O
©	W	A	M	à	è	ø	n	C	Ω
D	T	Δ	∂	U	L	S	A	S	P
A	€	E	X	p	A	V	B	D	K
X	D	Δ	E	G	J	c	w	Z	d
k	L	©	n	A	D	H	e	D	¬
å	q	T	n	Δ	u	U	u	A	T
M	P	Σ	ß	@	D	A	v	b	M

Pensieri:

_____

_____

_____

_____

II° MESE
I° settimana   [giorno 5]
10 stimoli

Data:

*Cerca la **B** in 15 secondi!*

h	B	∂	y	G	p	B	E	N	w
K	A	€	M	ß	B	Z	K	B	S
B	n	X	V	∫	@	ß	§	w	O
©	W	A	B	à	B	ø	B	C	Ω
D	T	B	∂	U	L	S	G	S	P
ß	€	E	X	B	A	V	B	D	K
X	D	B	E	G	J	B	w	Z	d
B	L	©	n	B	D	H	B	D	¬
å	q	B	n	Δ	u	U	u	L	T
M	B	Σ	ß	@	B	M	v	b	B

Pensieri:

_____

_____

_____

_____

II° MESE
II° settimana [giorno 1]
20 stimoli

Data:

*Cerca la **B** in 15 secondi!*

h	B	∂	y	G	p	B	E	N	w
K	A	€	M	ß	B	Z	K	B	S
B	n	X	V	∫	@	ß	§	w	O
©	W	A	B	à	B	ø	B	C	Ω
D	T	B	∂	U	L	S	G	S	P
ß	€	E	X	B	A	V	B	D	K
X	D	B	E	G	J	B	w	Z	d
B	L	©	n	B	D	H	B	D	¬
å	q	B	n	Δ	u	U	u	L	T
M	B	Σ	ß	@	B	M	v	b	B

Pensieri:

_____

_____

_____

_____

II° MESE
II° settimana [giorno 2]
20 stimoli

Data:

*Cerca la **B** in 15 secondi!*

h	B	∂	y	G	p	B	E	N	w
K	A	€	M	ß	B	Z	K	B	S
B	n	X	V	∫	@	ß	§	w	O
©	W	A	B	à	B	ø	B	C	Ω
D	T	B	∂	U	L	S	G	S	P
ß	€	E	X	B	A	V	B	D	K
X	D	B	E	G	J	B	w	Z	d
B	L	©	n	B	D	H	B	D	¬
å	q	B	n	Δ	u	U	u	L	T
M	B	∑	ß	@	B	M	v	b	B

Pensieri:

_____

_____

_____

_____

II° MESE
II° settimana [giorno 3]
20 stimoli

Data:

*Cerca la **B** in 15 secondi!*

h	B	∂	y	G	p	B	E	N	w
K	A	€	M	ß	B	Z	K	B	S
B	n	X	V	∫	@	ß	§	w	O
©	W	A	B	à	B	ø	B	C	Ω
D	T	B	∂	U	L	S	G	S	P
ß	€	E	X	B	A	V	B	D	K
X	D	B	E	G	J	B	w	Z	d
B	L	©	n	B	D	H	B	D	¬
å	q	B	n	Δ	u	U	u	L	T
M	B	∑	ß	@	B	M	v	b	B

Pensieri:

_____

_____

_____

_____

II° MESE
II° settimana [giorno 4]
20 stimoli

Data:

*Cerca la **B** in 15 secondi!*

h	B	∂	y	G	p	B	E	N	w
K	A	€	M	ß	B	Z	K	B	S
B	n	X	V	∫	@	ß	§	w	O
©	W	A	B	à	B	ø	B	C	Ω
D	T	B	∂	U	L	S	G	S	P
ß	€	E	X	B	A	V	B	D	K
X	D	B	E	G	J	B	w	Z	d
B	L	©	n	B	D	H	B	D	¬
å	q	B	n	Δ	u	U	u	L	T
M	B	Σ	ß	@	B	M	v	b	B

Pensieri:

_____

_____

_____

_____

II° MESE
II° settimana [giorno 5]
20 stimoli

Data:

*Cerca la **C** in 20 secondi!*

C	K	∂	C	G	p	C	E	N	w
K	C	€	M	C	D	Z	C	S	C
C	n	X	C	∫	@	ß	C	w	O
©	C	A	B	à	C	ø	H	C	Ω
D	T	C	∂	U	L	C	G	S	P
ß	€	C	X	C	A	V	C	D	K
X	C	H	E	G	J	C	w	Z	C
C	L	©	C	S	D	H	P	C	¬
å	q	C	n	Δ	u	C	u	L	T
M	C	∑	C	@	C	M	v	C	m

Pensieri:

_____

_____

_____

_____

II° MESE
III° settimana [giorno 1]
30 stimoli

Data:

38

*Cerca la **C** in 20 secondi!*

C	K	∂	C	G	p	C	E	N	w
K	C	€	M	C	D	Z	C	S	C
C	n	X	C	∫	@	ß	C	w	O
©	C	A	B	à	C	ø	H	C	Ω
D	T	C	∂	U	L	C	G	S	P
ß	€	C	X	C	A	V	C	D	K
X	C	H	E	G	J	C	w	Z	C
C	L	©	C	S	D	H	P	C	¬
å	q	C	n	Δ	u	C	u	L	T
M	C	∑	C	@	C	M	v	C	m

Pensieri:

_____

_____

_____

_____

II° MESE
III° settimana [giorno 2]
30 stimoli

Data:

39

*Cerca la **C** in 20 secondi!*

C	K	∂	C	G	p	C	E	N	w
K	C	€	M	C	D	Z	C	S	C
C	n	X	C	∫	@	ß	C	w	O
©	C	A	B	à	C	ø	H	C	Ω
D	T	C	∂	U	L	C	G	S	P
ß	€	C	X	C	A	V	C	D	K
X	C	H	E	G	J	C	w	Z	C
C	L	©	C	S	D	H	P	C	¬
å	q	C	n	Δ	u	C	u	L	T
M	C	Σ	C	@	C	M	v	C	m

Pensieri:

_____

_____

_____

_____

II° MESE
III° settimana [giorno 3]
30 stimoli

Data:

*Cerca la **C** in 20 secondi!*

```
C  K  ∂  C  G  p  C  E  N  w
K  C  €  M  C  D  Z  C  S  C
C  n  X  C  ∫  @  ß  C  w  O
©  C  A  B  à  C  ø  H  C  Ω
D  T  C  ∂  U  L  C  G  S  P
ß  €  C  X  C  A  V  C  D  K
X  C  H  E  G  J  C  w  Z  C
C  L  ©  C  S  D  H  P  C  ¬
å  q  C  n  Δ  u  C  u  L  T
M  C  ∑  C  @  C  M  v  C  m
```

Pensieri:

_____

_____

_____

_____

II° MESE
III° settimana [giorno 4]
30 stimoli

Data:

41

Cerca la **C** in 20 secondi!

C K ∂ C G p C E N w

K C € M C D Z C S C

C n X C ∫ @ ß C w O

© C A B à C ø H C Ω

D T C ∂ U L C G S P

ß € C X C A V C D K

X C H E G J C w Z C

C L © C S D H P C ¬

å q C n Δ u C u L T

M C Σ C @ C M v C m

Pensieri:

_____

_____

_____

_____

II° MESE
III° settimana [giorno 5]
30 stimoli

Data:

*Cerca la **D** in 25 secondi!*

D	L	D	B	m	D	D	K	œ	E
H	D	∂	V	D	p	C	D	D	E
D	K	D	B	e	∂	¬	E	à	D
K	C	€	M	C	D	Z	D	D	G
F	D	X	D	∫	@	D	B	w	D
D	S	A	B	à	ø	D	H	D	Ω
D	T	D	∂	D	L	C	D	S	P
ß	€	C	D	C	D	V	C	D	K
X	D	H	D	G	J	D	w	D	C
D	L	ø	T	D	D	H	P	C	¬
å	q	D	n	Δ	u	C	u	D	T
D	S	∑	C	D	C	M	D	C	m

Pensieri: _____

_____

_____

II° MESE
IV° settimana [giorno 1]
40 stimoli

Data:

*Cerca la **D** in 25 secondi!*

D	L	D	B	m	D	D	K	œ	E
H	D	∂	V	D	p	C	D	D	E
D	K	D	B	e	∂	¬	E	à	D
K	C	€	M	C	D	Z	D	D	G
F	D	X	D	∫	@	D	B	w	D
D	S	A	B	à	ø	D	H	D	Ω
D	T	D	∂	D	L	C	D	S	P
ß	€	C	D	C	D	V	C	D	K
X	D	H	D	G	J	D	w	D	C
D	L	ø	T	D	D	H	P	C	¬
å	q	D	n	Δ	u	C	u	D	T
D	S	∑	C	D	C	M	D	C	m

Pensieri: _____

_____

_____

II° MESE
IV° settimana [giorno 2]
40 stimoli

Data:

44

*Cerca la **D** in 25 secondi!*

D	L	D	B	m	D	D	K	œ	E
H	D	∂	V	D	p	C	D	D	E
D	K	D	B	e	∂	¬	E	à	D
K	C	€	M	C	D	Z	D	D	G
F	D	X	D	∫	@	D	B	w	D
D	S	A	B	à	ø	D	H	D	Ω
D	T	D	∂	D	L	C	D	S	P
ß	€	C	D	C	D	V	C	D	K
X	D	H	D	G	J	D	w	D	C
D	L	ø	T	D	D	H	P	C	¬
å	q	D	n	Δ	u	C	u	D	T
D	S	Σ	C	D	C	M	D	C	m

Pensieri: _____

_____

_____

II° MESE
IV° settimana [giorno 3]
40 stimoli

Data:

Cerca la **D** in 25 secondi!

D	L	D	B	m	D	D	K	œ	E
H	D	∂	V	D	p	C	D	D	E
D	K	D	B	e	∂	¬	E	à	D
K	C	€	M	C	D	Z	D	D	G
F	D	X	D	∫	@	D	B	w	D
D	S	A	B	à	ø	D	H	D	Ω
D	T	D	∂	D	L	C	D	S	P
ß	€	C	D	C	D	V	C	D	K
X	D	H	D	G	J	D	w	D	C
D	L	ø	T	D	D	H	P	C	¬
å	q	D	n	Δ	u	C	u	D	T
D	S	∑	C	D	C	M	D	C	m

Pensieri: _____

_____

_____

II° MESE
IV° settimana [giorno 4]
40 stimoli

Data:

*Cerca la **D** in 25 secondi!*

D	L	D	B	m	D	D	K	œ	E
H	D	∂	V	D	p	C	D	D	E
D	K	D	B	e	∂	¬	E	à	D
K	C	€	M	C	D	Z	D	D	G
F	D	X	D	∫	@	D	B	w	D
D	S	A	B	à	ø	D	H	D	Ω
D	T	D	∂	D	L	C	D	S	P
ß	€	C	D	C	D	V	C	D	K
X	D	H	D	G	J	D	w	D	C
D	L	ø	T	D	D	H	P	C	¬
å	q	D	n	Δ	u	C	u	D	T
D	S	Σ	C	D	C	M	D	C	m

Pensieri: _____

_____

_____

II° MESE
IV° settimana [giorno 5]
40 stimoli

Data:

47

AUTOVALUTAZIONE II° MESE

Come valuto il mio lavoro?

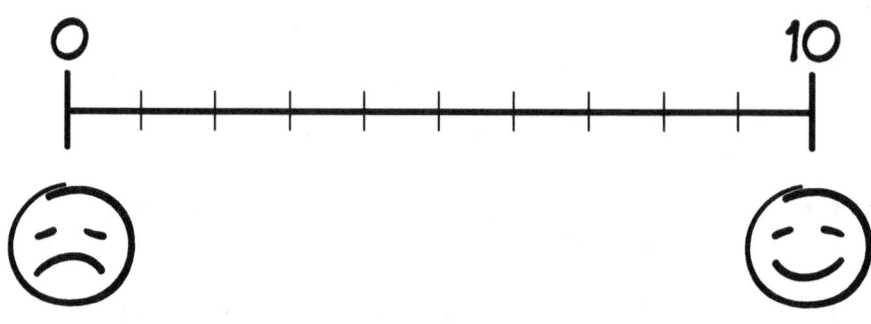

Come mi sento?

_____

_____

_____

_____

_____

Che cosa voglio fare?

_____

_____

_____

_____

_____

*Cerca la **A** in 30 secondi!*

A	F	A	y	G	b	H	A	N	w
K	A	€	M	Δ	q	Z	K	A	S
B	n	X	P	∫	@	A	§	w	O
©	W	A	M	à	è	ø	n	A	Ω
D	T	Δ	∂	U	L	S	A	S	A
A	€	E	X	p	A	V	B	D	K
X	D	Δ	E	G	J	c	A	Z	d
k	A	©	n	A	D	H	e	D	¬
å	q	A	n	Δ	u	A	u	A	T
M	P	Σ	ß	@	D	A	v	b	A

Pensieri:

_____

_____

_____

_____

III° MESE
I° settimana   [giorno 1]
20 stimoli

Data:

49

*Cerca la **A** in 30 secondi!*

```
A  F  A  y  G  b  H  A  N  w
K  A  €  M  Δ  q  Z  K  A  S
B  n  X  P  ∫  @  A  §  w  O
©  W  A  M  à  è  ø  n  A  Ω
D  T  Δ  ∂  U  L  S  A  S  A
A  €  E  X  p  A  V  B  D  K
X  D  Δ  E  G  J  c  A  Z  d
k  A  ©  n  A  D  H  e  D  ¬
å  q  A  n  Δ  u  A  u  A  T
M  P  Σ  ß  @  D  A  v  b  A
```

Pensieri:

_____

_____

_____

_____   Data:

*Cerca la **A** in 30 secondi!*

A	F	A	y	G	b	H	A	N	w
K	A	€	M	Δ	q	Z	K	A	S
B	n	X	P	∫	@	A	§	w	O
©	W	A	M	à	è	ø	n	A	Ω
D	T	Δ	∂	U	L	S	A	S	A
A	€	E	X	p	A	V	B	D	K
X	D	Δ	E	G	J	c	A	Z	d
k	A	©	n	A	D	H	e	D	¬
å	q	A	n	Δ	u	A	u	A	T
M	P	Σ	ß	@	D	A	v	b	A

Pensieri:

_____

_____

_____

_____

III° MESE
I° settimana   [giorno 3]
20 stimoli

Data:

*Cerca la **A** in 30 secondi!*

A	F	A	y	G	b	H	A	N	w
K	A	€	M	Δ	q	Z	K	A	S
B	n	X	P	∫	@	A	§	w	O
©	W	A	M	à	è	ø	n	A	Ω
D	T	Δ	∂	U	L	S	A	S	A
A	€	E	X	p	A	V	B	D	K
X	D	Δ	E	G	J	c	A	Z	d
k	A	©	n	A	D	H	e	D	¬
å	q	A	n	Δ	u	A	u	A	T
M	P	Σ	ß	@	D	A	v	b	A

Pensieri:

III° MESE
I° settimana [giorno 4]
20 stimoli

_____

_____

_____

_____ Data:

52

*Cerca la **A** in 30 secondi!*

A	F	A	y	G	b	H	A	N	w
K	A	€	M	Δ	q	Z	K	A	S
B	n	X	P	∫	@	A	§	w	O
©	W	A	M	à	è	ø	n	A	Ω
D	T	Δ	∂	U	L	S	A	S	A
A	€	E	X	p	A	V	B	D	K
X	D	Δ	E	G	J	c	A	Z	d
k	A	©	n	A	D	H	e	D	¬
å	q	A	n	Δ	u	A	u	A	T
M	P	Σ	ß	@	D	A	v	b	A

Pensieri:

_____

_____

_____

_____

III° MESE
I° settimana   [giorno 5]
20 stimoli

Data:

Cerca la **B** *in 25 secondi!*

Ω	B	œ	y	B	p	B	E	N	B
K	A	B	M	ß	B	Z	K	B	S
B	n	X	V	∫	@	ß	§	w	B
©	B	A	B	à	B	ø	B	C	Ω
D	T	B	∂	U	L	B	G	S	B
ß	€	E	X	B	A	V	B	D	K
X	D	B	E	G	J	B	w	B	d
B	L	©	n	B	D	H	B	D	¬
å	q	B	n	Δ	B	U	u	B	T
M	B	∑	ß	@	B	M	v	o	B

Pensieri:

_____

_____

_____

_____

III° MESE
II° settimana [giorno 1]
30 stimoli

Data:

54

*Cerca la **B** in 25 secondi!*

Ω	B	œ	y	B	p	B	E	N	B
K	A	B	M	ß	B	Z	K	B	S
B	n	X	V	∫	@	ß	§	w	B
©	B	A	B	à	B	ø	B	C	Ω
D	T	B	∂	U	L	B	G	S	B
ß	€	E	X	B	A	V	B	D	K
X	D	B	E	G	J	B	w	B	d
B	L	©	n	B	D	H	B	D	¬
å	q	B	n	Δ	B	U	u	B	T
M	B	Σ	ß	@	B	M	v	o	B

Pensieri:

III° MESE
II° settimana [giorno 2]
30 stimoli

_____

_____

_____

_____ Data:

*Cerca la **B** in 25 secondi!*

Ω	B	œ	y	B	p	B	E	N	B
K	A	B	M	ß	B	Z	K	B	S
B	n	X	V	∫	@	ß	§	w	B
©	B	A	B	à	B	ø	B	C	Ω
D	T	B	∂	U	L	B	G	S	B
ß	€	E	X	B	A	V	B	D	K
X	D	B	E	G	J	B	w	B	d
B	L	©	n	B	D	H	B	D	¬
å	q	B	n	Δ	B	U	u	B	T
M	B	Σ	ß	@	B	M	v	o	B

Pensieri:

_____

_____

_____

_____

III° MESE
II° settimana [giorno 3]
30 stimoli

Data:

*Cerca la **B** in 25 secondi!*

Ω	B	œ	y	B	p	B	E	N	B
K	A	B	M	ß	B	Z	K	B	S
B	n	X	V	∫	@	ß	§	w	B
©	B	A	B	à	B	ø	B	C	Ω
D	T	B	∂	U	L	B	G	S	B
ß	€	E	X	B	A	V	B	D	K
X	D	B	E	G	J	B	w	B	d
B	L	©	n	B	D	H	B	D	¬
å	q	B	n	Δ	B	U	u	B	T
M	B	Σ	ß	@	B	M	v	o	B

Pensieri:

_____

_____

_____

_____

III° MESE
II° settimana [giorno 4]
30 stimoli

Data:

*Cerca la **B** in 25 secondi!*

Ω	B	œ	y	B	p	B	E	N	B
K	A	B	M	ß	B	Z	K	B	S
B	n	X	V	∫	@	ß	§	w	B
©	B	A	B	à	B	ø	B	C	Ω
D	T	B	∂	U	L	B	G	S	B
ß	€	E	X	B	A	V	B	D	K
X	D	B	E	G	J	B	w	B	d
B	L	©	n	B	D	H	B	D	¬
å	q	B	n	Δ	B	U	u	B	T
M	B	∑	ß	@	B	M	v	o	B

Pensieri:

_____

_____

_____

_____

III° MESE
II° settimana [giorno 5]
30 stimoli

Data:

*Cerca la **C** in 20 secondi!*

C	D	B	C	u	C	J	K	L	E
H	C	∂	V	E	p	C	D	C	E
D	K	C	B	e	∂	C	E	à	C
K	C	€	M	C	D	Z	D	C	G
F	C	X	C	∂	@	C	B	w	C
C	S	A	B	C	ø	C	H	C	Ω
C	M	C	®	C	L	C	D	S	P
ß	€	C	F	C	G	V	C	D	K
X	C	H	C	G	J	R	w	D	C
C	L	ø	T	C	C	H	P	C	¬
å	q	C	n	Δ	u	C	u	D	T
C	S	Σ	C	D	C	M	K	C	m

Pensieri: _____

_____

_____

III° MESE
III° settimana [giorno 1]
40 stimoli

Data:

*Cerca la **C** in 20 secondi!*

C	D	B	C	u	C	J	K	L	E
H	C	∂	V	E	p	C	D	C	E
D	K	C	B	e	∂	C	E	à	C
K	C	€	M	C	D	Z	D	C	G
F	C	X	C	∂	@	C	B	w	C
C	S	A	B	C	ø	C	H	C	Ω
C	M	C	®	C	L	C	D	S	P
ß	€	C	F	C	G	V	C	D	K
X	C	H	C	G	J	R	w	D	C
C	L	ø	T	C	C	H	P	C	¬
å	q	C	n	Δ	u	C	u	D	T
C	S	Σ	C	D	C	M	K	C	m

Pensieri: _____

_____

_____

III° MESE
III° settimana [giorno 2]
40 stimoli

Data:

60

*Cerca la **C** in 20 secondi!*

C	D	B	C	u	C	J	K	L	E
H	C	∂	V	E	p	C	D	C	E
D	K	C	B	e	∂	C	E	à	C
K	C	€	M	C	D	Z	D	C	G
F	C	X	C	∂	@	C	B	w	C
C	S	A	B	C	ø	C	H	C	Ω
C	M	C	®	C	L	C	D	S	P
ß	€	C	F	C	G	V	C	D	K
X	C	H	C	G	J	R	w	D	C
C	L	ø	T	C	C	H	P	C	¬
å	q	C	n	Δ	u	C	u	D	T
C	S	Σ	C	D	C	M	K	C	m

Pensieri: _____

_____

_____

III° MESE
III° settimana [giorno 3]
40 stimoli

Data:

Cerca la **C** in 20 secondi!

C	D	B	C	u	C	J	K	L	E
H	C	∂	V	E	p	C	D	C	E
D	K	C	B	e	∂	C	E	à	C
K	C	€	M	C	D	Z	D	C	G
F	C	X	C	∂	@	C	B	w	C
C	S	A	B	C	ø	C	H	C	Ω
C	M	C	®	C	L	C	D	S	P
ß	€	C	F	C	G	V	C	D	K
X	C	H	C	G	J	R	w	D	C
C	L	ø	T	C	C	H	P	C	¬
å	q	C	n	Δ	u	C	u	D	T
C	S	Σ	C	D	C	M	K	C	m

Pensieri: _____

_____

_____

III° MESE
III° settimana [giorno 4]
40 stimoli

Data:

Cerca la **C** in 20 secondi!

C	D	B	C	u	C	J	K	L	E
H	C	∂	V	E	p	C	D	C	E
D	K	C	B	e	∂	C	E	à	C
K	C	€	M	C	D	Z	D	C	G
F	C	X	C	∂	@	C	B	w	C
C	S	A	B	C	ø	C	H	C	Ω
C	M	C	®	C	L	C	D	S	P
ß	€	C	F	C	G	V	C	D	K
X	C	H	C	G	J	R	w	D	C
C	L	ø	T	C	C	H	P	C	¬
å	q	C	n	Δ	u	C	u	D	T
C	S	Σ	C	D	C	M	K	C	m

Pensieri: _____

_____

_____

III° MESE
III° settimana [giorno 5]
40 stimoli

Data:

*Cerca la **D** in 20 secondi!*

D	L	D	B	m	D	D	K	œ	E
H	D	∂	V	D	p	C	D	D	E
D	K	D	B	e	∂	D	E	à	D
K	C	D	M	C	D	Z	D	D	G
F	D	X	D	F	æ	D	B	w	D
D	S	A	B	D	®	D	H	D	Ω
D	T	D	∂	D	L	C	D	S	P
ß	D	C	D	C	D	V	C	D	K
X	D	H	D	G	J	D	w	D	C
D	L	D	T	D	D	H	P	C	¬
å	q	D	n	Δ	u	C	u	D	T
D	S	ƒ	C	D	C	M	D	C	m

Pensieri: _____

_____

_____

III° MESE
IV° settimana [giorno 1]
45 stimoli

Data:

*Cerca la **D** in 20 secondi!*

D	L	D	B	m	D	D	K	œ	E
H	D	∂	V	D	p	C	D	D	E
D	K	D	B	e	∂	D	E	à	D
K	C	D	M	C	D	Z	D	D	G
F	D	X	D	F	æ	D	B	w	D
D	S	A	B	D	®	D	H	D	Ω
D	T	D	∂	D	L	C	D	S	P
ß	D	C	D	C	D	V	C	D	K
X	D	H	D	G	J	D	w	D	C
D	L	D	T	D	D	H	P	C	¬
å	q	D	n	Δ	u	C	u	D	T
D	S	ƒ	C	D	C	M	D	C	m

Pensieri: _____

_____

_____

III° MESE
IV° settimana [giorno 2]
45 stimoli

Data:

*Cerca la **D** in 20 secondi!*

D	L	D	B	m	D	D	K	œ	E
H	D	∂	V	D	p	C	D	D	E
D	K	D	B	e	∂	D	E	à	D
K	C	D	M	C	D	Z	D	D	G
F	D	X	D	F	æ	D	B	w	D
D	S	A	B	D	®	D	H	D	Ω
D	T	D	∂	D	L	C	D	S	P
ß	D	C	D	C	D	V	C	D	K
X	D	H	D	G	J	D	w	D	C
D	L	D	T	D	D	H	P	C	¬
å	q	D	n	Δ	u	C	u	D	T
D	S	ƒ	C	D	C	M	D	C	m

Pensieri: _____

_____

_____

III° MESE
IV° settimana [giorno 3]
45 stimoli

Data:

Cerca la **D** in 20 secondi!

D	L	D	B	m	D	D	K	œ	E
H	D	∂	V	D	p	C	D	D	E
D	K	D	B	e	∂	D	E	à	D
K	C	D	M	C	D	Z	D	D	G
F	D	X	D	F	æ	D	B	w	D
D	S	A	B	D	®	D	H	D	Ω
D	T	D	∂	D	L	C	D	S	P
ß	D	C	D	C	D	V	C	D	K
X	D	H	D	G	J	D	w	D	C
D	L	D	T	D	D	H	P	C	¬
å	q	D	n	Δ	u	C	u	D	T
D	S	*f*	C	D	C	M	D	C	m

Pensieri: _____

_____

_____

III° MESE
IV° settimana [giorno 4]
45 stimoli

Data:

Cerca la **D** in 20 secondi!

D	L	D	B	m	D	D	K	œ	E
H	D	∂	V	D	p	C	D	D	E
D	K	D	B	e	∂	D	E	à	D
K	C	D	M	C	D	Z	D	D	G
F	D	X	D	F	æ	D	B	w	D
D	S	A	B	D	®	D	H	D	Ω
D	T	D	∂	D	L	C	D	S	P
ß	D	C	D	C	D	V	C	D	K
X	D	H	D	G	J	D	w	D	C
D	L	D	T	D	D	H	P	C	¬
å	q	D	n	Δ	u	C	u	D	T
D	S	*f*	C	D	C	M	D	C	m

Pensieri: _____

_____

_____

III° MESE
IV° settimana [giorno 5]
45 stimoli

Data:

AUTOVALUTAZIONE III° MESE

Come valuto il mio lavoro?

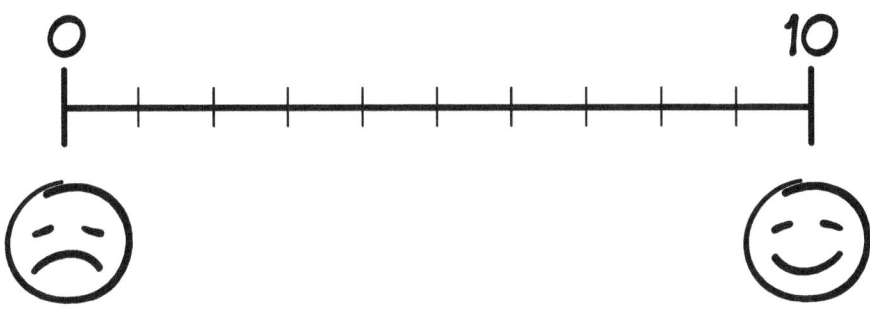

Come mi sento?

_____

_____

_____

_____

_____

Che cosa voglio fare?

_____

_____

_____

_____

_____

*Cerca la **A** in 15 secondi!*

```
A  L  A  y  A  b  H  A  N  A
K  A  €  M  Δ  q  Z  A  L  S
A  n  X  A  ∫  @  A  §  w  A
©  W  A  M  à  A  ø  n  A  Ω
D  T  Δ  A  U  A  S  A  S  P
A  €  A  X  p  A  V  B  D  K
X  D  Δ  A  G  J  c  w  Z  d
k  L  ©  n  A  D  A  e  D  A
å  A  T  n  Δ  u  U  u  A  T
A  P  A  A  @  D  A  v  b  M
```

Pensieri:

IV° MESE
I° settimana [giorno 1]

30 stimoli

_____

_____

_____

_____ Data:

*Cerca la **A** in 15 secondi!*

A	L	A	y	A	b	H	A	N	A
K	A	€	M	Δ	q	Z	A	L	S
A	n	X	A	∫	@	A	§	w	A
©	W	A	M	à	A	ø	n	A	Ω
D	T	Δ	A	U	A	S	A	S	P
A	€	A	X	p	A	V	B	D	K
X	D	Δ	A	G	J	c	w	Z	d
k	L	©	n	A	D	A	e	D	A
å	A	T	n	Δ	u	U	u	A	T
A	P	A	A	@	D	A	v	b	M

Pensieri:

_____

_____

_____

IV° MESE
I° settimana [giorno 2]
30 stimoli

_____

Data:

*Cerca la **A** in 15 secondi!*

```
A  L  A  y  A  b  H  A  N  A
K  A  €  M  Δ  q  Z  A  L  S
A  n  X  A  ∫  @  A  §  w  A
©  W  A  M  à  A  ø  n  A  Ω
D  T  Δ  A  U  A  S  A  S  P
A  €  A  X  p  A  V  B  D  K
X  D  Δ  A  G  J  c  w  Z  d
k  L  ©  n  A  D  A  e  D  A
å  A  T  n  Δ  u  U  u  A  T
A  P  A  A  @  D  A  v  b  M
```

Pensieri:

IV° MESE
I° settimana [giorno 3]
30 stimoli

_____

_____

_____

_____ Data:

*Cerca la **A** in 15 secondi!*

```
A  L  A  y  A  b  H  A  N  A
K  A  €  M  Δ  q  Z  A  L  S
A  n  X  A  ∫  @  A  §  w  A
©  W  A  M  à  A  ø  n  A  Ω
D  T  Δ  A  U  A  S  A  S  P
A  €  A  X  p  A  V  B  D  K
X  D  Δ  A  G  J  c  w  Z  d
k  L  ©  n  A  D  A  e  D  A
å  A  T  n  Δ  u  U  u  A  T
A  P  A  A  @  D  A  v  b  M
```

Pensieri:

IV° MESE
I° settimana   [giorno 4]
30 stimoli

_____

_____

_____

_____   Data:

*Cerca la **A** in 15 secondi!*

A	L	A	y	A	b	H	A	N	A
K	A	€	M	Δ	q	Z	A	L	S
A	n	X	A	∫	@	A	§	w	A
©	W	A	M	à	A	ø	n	A	Ω
D	T	Δ	A	U	A	S	A	S	P
A	€	A	X	p	A	V	B	D	K
X	D	Δ	A	G	J	c	w	Z	d
k	L	©	n	A	D	A	e	D	A
å	A	T	n	Δ	u	U	u	A	T
A	P	A	A	@	D	A	v	b	M

Pensieri:

_____

_____

_____

_____

IV° MESE
I° settimana   [giorno 5]
30 stimoli

Data:

*Cerca la **B** in 20 secondi!*

h	B	∂	y	G	p	B	E	N	w
K	A	€	M	ß	B	Z	K	B	S
B	n	X	V	∫	@	ß	§	w	O
©	W	A	B	à	B	ø	B	C	Ω
D	T	B	∂	U	L	S	G	S	P
ß	€	E	X	B	A	V	B	D	K
X	D	B	E	G	J	B	w	Z	d
B	L	©	n	B	D	H	B	D	¬
å	q	B	n	Δ	u	U	u	L	T
M	B	∑	ß	@	B	M	v	b	B

Pensieri:

_____

_____

_____

_____

IV° MESE
II° settimana [giorno 1]
20 stimoli

Data:

*Cerca la **B** in 20 secondi!*

h	B	∂	y	G	p	B	E	N	w
K	A	€	M	ß	B	Z	K	B	S
B	n	X	V	∫	@	ß	§	w	O
©	W	A	B	à	B	ø	B	C	Ω
D	T	B	∂	U	L	S	G	S	P
ß	€	E	X	B	A	V	B	D	K
X	D	B	E	G	J	B	w	Z	d
B	L	©	n	B	D	H	B	D	¬
å	q	B	n	Δ	u	U	u	L	T
M	B	Σ	ß	@	B	M	v	b	B

Pensieri:

_____

_____

_____

_____

IV° MESE
II° settimana [giorno 2]
20 stimoli

Data:

*Cerca la **B** in 20 secondi!*

h	B	∂	y	G	p	B	E	N	w
K	A	€	M	ß	B	Z	K	B	S
B	n	X	V	∫	@	ß	§	w	O
©	W	A	B	à	B	ø	B	C	Ω
D	T	B	∂	U	L	S	G	S	P
ß	€	E	X	B	A	V	B	D	K
X	D	B	E	G	J	B	w	Z	d
B	L	©	n	B	D	H	B	D	¬
å	q	B	n	Δ	u	U	u	L	T
M	B	∑	ß	@	B	M	v	b	B

Pensieri:

_____

_____

_____

_____

IV° MESE
II° settimana [giorno 3]
20 stimoli

Data:

Cerca la **B** in 20 secondi!

```
h  B  ∂  y  G  p  B  E  N  w
K  A  €  M  ß  B  Z  K  B  S
B  n  X  V  ∫  @  ß  §  w  O
©  W  A  B  à  B  ø  B  C  Ω
D  T  B  ∂  U  L  S  G  S  P
ß  €  E  X  B  A  V  B  D  K
X  D  B  E  G  J  B  w  Z  d
B  L  ©  n  B  D  H  B  D  ¬
å  q  B  n  Δ  u  U  u  L  T
M  B  ∑  ß  @  B  M  v  b  B
```

Pensieri:

_____

_____

_____

_____

Data:

*Cerca la **B** in 20 secondi!*

h	B	∂	y	G	p	B	E	N	w
K	A	€	M	ß	B	Z	K	B	S
B	n	X	V	∫	@	ß	§	w	O
©	W	A	B	à	B	ø	B	C	Ω
D	T	B	∂	U	L	S	G	S	P
ß	€	E	X	B	A	V	B	D	K
X	D	B	E	G	J	B	w	Z	d
B	L	©	n	B	D	H	B	D	¬
å	q	B	n	Δ	u	U	u	L	T
M	B	Σ	ß	@	B	M	v	b	B

Pensieri:

IV° MESE
II° settimana [giorno 5]
20 stimoli

_____

_____

_____

_____ Data:

79

*Cerca la **C** in 30 secondi!*

```
o   K   ∂   C   G   p   r   E   N   w
K   C   €   M   n   D   Z   x   S   C
z   n   X   C   ∫   m   ß   C   w   O
©   C   A   B   à   a   ø   H   C   Ω
D   T   x   ∂   U   L   T   G   S   P
ß   €   b   X   C   A   V   C   D   K
X   C   H   E   G   J   n   w   Z   C
C   L   ©   C   S   D   H   P   C   ¬
å   q   S   n   Δ   u   S   u   L   T
M   C   ∑   L   @   W   M   v   V   m
```

Pensieri:

_____

_____

_____

_____ Data:

IV° MESE
III° settimana [giorno 1]
15 stimoli

*Cerca la **C** in 30 secondi!*

o	K	∂	C	G	p	r	E	N	w
K	C	€	M	n	D	Z	x	S	C
z	n	X	C	∫	m	ß	C	w	O
©	C	A	B	à	a	ø	H	C	Ω
D	T	x	∂	U	L	T	G	S	P
ß	€	b	X	C	A	V	C	D	K
X	C	H	E	G	J	n	w	Z	C
C	L	©	C	S	D	H	P	C	¬
å	q	S	n	Δ	u	S	u	L	T
M	C	∑	L	@	W	M	v	V	m

Pensieri:

_____

_____

_____

_____

IV° MESE
III° settimana [giorno 2]
15 stimoli

Data:

*Cerca la **C** in 30 secondi!*

o	K	∂	C	G	p	r	E	N	w
K	C	€	M	n	D	Z	x	S	C
z	n	X	C	∫	m	ß	C	w	O
©	C	A	B	à	a	ø	H	C	Ω
D	T	x	∂	U	L	T	G	S	P
ß	€	b	X	C	A	V	C	D	K
X	C	H	E	G	J	n	w	Z	C
C	L	©	C	S	D	H	P	C	¬
å	q	S	n	Δ	u	S	u	L	T
M	C	Σ	L	@	W	M	v	V	m

Pensieri:

_____

_____

_____

_____

IV° MESE
III° settimana [giorno 3]
15 stimoli

Data:

82

*Cerca la **C** in 30 secondi!*

o	K	∂	C	G	p	r	E	N	w
K	C	€	M	n	D	Z	x	S	C
z	n	X	C	∫	m	ß	C	w	O
©	C	A	B	à	a	ø	H	C	Ω
D	T	x	∂	U	L	T	G	S	P
ß	€	b	X	C	A	V	C	D	K
X	C	H	E	G	J	n	w	Z	C
C	L	©	C	S	D	H	P	C	¬
å	q	S	n	Δ	u	S	u	L	T
M	C	Σ	L	@	W	M	v	V	m

Pensieri:

_____

_____

_____

_____

IV° MESE
III° settimana [giorno 4]
15 stimoli

Data:

83

*Cerca la **C** in 30 secondi!*

o	K	∂	C	G	p	r	E	N	w
K	C	€	M	n	D	Z	x	S	C
z	n	X	C	∫	m	ß	C	w	O
©	C	A	B	à	a	ø	H	C	Ω
D	T	x	∂	U	L	T	G	S	P
ß	€	b	X	C	A	V	C	D	K
X	C	H	E	G	J	n	w	Z	C
C	L	©	C	S	D	H	P	C	¬
å	q	S	n	Δ	u	S	u	L	T
M	C	Σ	L	@	W	M	v	V	m

Pensieri:

_____

_____

_____

_____

Data:

*Cerca la **D** in 35 secondi!*

h	F	G	y	k	b	H	a	D	w
K	D	€	M	c	q	Z	D	L	S
D	n	X	L	∫	a	S	§	w	F
©	W	D	M	m	è	ø	n	h	Ω
D	T	y	∂	U	L	D	P	S	P
O	€	Z	X	a	à	D	B	D	K
X	ß	Δ	E	D	J	c	w	Z	D
k	L	©	D	®	D	H	e	à	¬
s	q	T	n	¬	u	D	u	N	T
M	D	Σ	ß	@	p	W	v	S	M

Pensieri:

IV° MESE
IV° settimana [giorno 1]
15 stimoli

_____

_____

_____

_____ Data:

*Cerca la **D** in 35 secondi!*

h	F	G	y	k	b	H	a	D	w
K	D	€	M	c	q	Z	D	L	S
D	n	X	L	∫	a	S	§	w	F
©	W	D	M	m	è	ø	n	h	Ω
D	T	y	∂	U	L	D	P	S	P
O	€	Z	X	a	à	D	B	D	K
X	ß	Δ	E	D	J	c	w	Z	D
k	L	©	D	®	D	H	e	à	¬
s	q	T	n	¬	u	D	u	N	T
M	D	∑	ß	@	p	W	v	S	M

Pensieri:

_____

_____

_____

_____

IV° MESE
IV° settimana [giorno 2]
15 stimoli

Data:

*Cerca la **D** in 35 secondi!*

h	F	G	y	k	b	H	a	D	w
K	D	€	M	c	q	Z	D	L	S
D	n	X	L	∫	a	S	§	w	F
©	W	D	M	m	è	ø	n	h	Ω
D	T	y	∂	U	L	D	P	S	P
O	€	Z	X	a	à	D	B	D	K
X	ß	Δ	E	D	J	c	w	Z	D
k	L	©	D	®	D	H	e	à	¬
s	q	T	n	¬	u	D	u	N	T
M	D	∑	ß	@	p	W	v	S	M

Pensieri:

_____

_____

_____

_____

IV° MESE
IV° settimana [giorno 3]
15 stimoli

Data:

*Cerca la **D** in 35 secondi!*

h	F	G	y	k	b	H	a	D	w
K	D	€	M	c	q	Z	D	L	S
D	n	X	L	∫	a	S	§	w	F
©	W	D	M	m	è	ø	n	h	Ω
D	T	y	∂	U	L	D	P	S	P
O	€	Z	X	a	à	D	B	D	K
X	ß	Δ	E	D	J	c	w	Z	D
k	L	©	D	®	D	H	e	à	¬
s	q	T	n	¬	u	D	u	N	T
M	D	Σ	ß	@	p	W	v	S	M

Pensieri:

IV° MESE
IV° settimana [giorno 4]
15 stimoli

_____

_____

_____

_____ Data:

*Cerca la **D** in 35 secondi!*

h	F	G	y	k	b	H	a	D	w
K	D	€	M	c	q	Z	D	L	S
D	n	X	L	∫	a	S	§	w	F
©	W	D	M	m	è	ø	n	h	Ω
D	T	y	∂	U	L	D	P	S	P
O	€	Z	X	a	à	D	B	D	K
X	ß	Δ	E	D	J	c	w	Z	D
k	L	©	D	®	D	H	e	à	¬
s	q	T	n	¬	u	D	u	N	T
M	D	∑	ß	@	p	W	v	S	M

Pensieri:

_____

_____

_____

_____

IV° MESE
IV° settimana [giorno 5]
15 stimoli

Data:

AUTOVALUTAZIONE IV° MESE

Come valuto il mio lavoro?

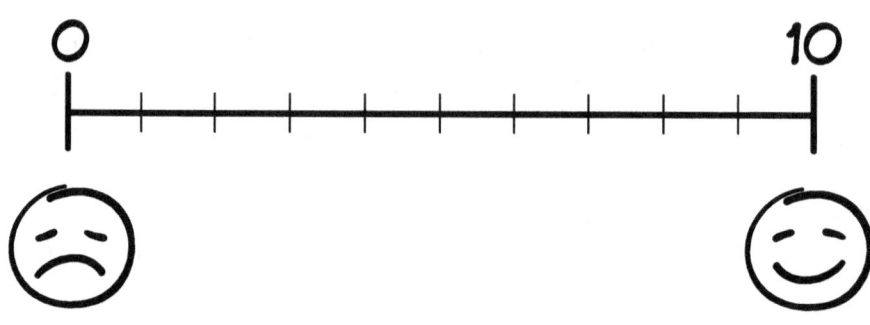

Come mi sento?

_____

_____

_____

_____

_____

Che cosa voglio fare?

_____

_____

_____

_____

_____

*Cerca la **A** in 40 secondi!*

C	A	B	A	u	F	A	K	L	A
A	D	Ω	V	E	p	H	D	A	E
D	K	A	A	e	ø	A	E	à	C
K	A	€	M	A	d	Z	A	C	G
F	C	X	A	∂	@	A	B	w	A
A	S	A	B	C	A	A	H	A	Ω
C	M	G	®	A	L	A	D	S	H
A	€	A	F	A	G	V	C	A	K
X	A	H	A	G	A	R	w	D	A
A	L	ø	T	A	C	A	P	A	¬
¬	q	A	n	Δ	u	A	u	D	T
A	S	∂	A	D	A	M	K	R	A

Pensieri: _____

_____

_____

V° MESE
I° settimana   [giorno 1]
40 stimoli

Data:

*Cerca la **A** in 40 secondi!*

```
C A B A u F A K L A
A D Ω V E p H D A E
D K A A e ø A E à C
K A € M A d Z A C G
F C X A ∂ @ A B w A
A S A B C A A H A Ω
C M G ® A L A D S H
A € A F A G V C A K
X A H A G A R w D A
A L ø T A C A P A ¬
¬ q A n Δ u A u D T
A S ∂ A D A M K R A
```

Pensieri: _____

_____

_____

V° MESE
I° settimana   [giorno 2]
40 stimoli

Data:

*Cerca la **A** in 40 secondi!*

```
C  A  B  A  u  F  A  K  L  A
A  D  Ω  V  E  p  H  D  A  E
D  K  A  A  e  ø  A  E  à  C
K  A  €  M  A  d  Z  A  C  G
F  C  X  A  ∂  @  A  B  w  A
A  S  A  B  C  A  A  H  A  Ω
C  M  G  ®  A  L  A  D  S  H
A  €  A  F  A  G  V  C  A  K
X  A  H  A  G  A  R  w  D  A
A  L  ø  T  A  C  A  P  A  ¬
¬  q  A  n  Δ  u  A  u  D  T
A  S  ∂  A  D  A  M  K  R  A
```

Pensieri: _____

_____

_____

V° MESE
I° settimana   [giorno 3]
40 stimoli

Data:

*Cerca la **A** in 40 secondi!*

```
C   A   B   A   u   F   A   K   L   A
A   D   Ω   V   E   p   H   D   A   E
D   K   A   A   e   ø   A   E   à   C
K   A   €   M   A   d   Z   A   C   G
F   C   X   A   ∂   @   A   B   w   A
A   S   A   B   C   A   A   H   A   Ω
C   M   G   ®   A   L   A   D   S   H
A   €   A   F   A   G   V   C   A   K
X   A   H   A   G   A   R   w   D   A
A   L   ø   T   A   C   A   P   A   ¬
¬   q   A   n   Δ   u   A   u   D   T
A   S   ∂   A   D   A   M   K   R   A
```

Pensieri: _____

_____

_____

V° MESE
I° settimana   [giorno 4]

40 stimoli

Data:

94

*Cerca la **A** in 40 secondi!*

C	A	B	A	u	F	A	K	L	A
A	D	Ω	V	E	p	H	D	A	E
D	K	A	A	e	ø	A	E	à	C
K	A	€	M	A	d	Z	A	C	G
F	C	X	A	∂	@	A	B	w	A
A	S	A	B	C	A	A	H	A	Ω
C	M	G	®	A	L	A	D	S	H
A	€	A	F	A	G	V	C	A	K
X	A	H	A	G	A	R	w	D	A
A	L	ø	T	A	C	A	P	A	¬
¬	q	A	n	Δ	u	A	u	D	T
A	S	∂	A	D	A	M	K	R	A

Pensieri: _____

_____

_____

V° MESE
I° settimana   [giorno 5]
40 stimoli

Data:

*Cerca la **B** in 30 secondi!*

Ω B œ y B p B E N B
K A B M ß B Z K B S
B n X V ∫ @ ß § w B
© B A B à B ø B C Ω
D T B ∂ U L B G S B
ß € E X B A V B D K
X D B E G J B w B d
B L © n B D H B D ¬
å q B n Δ B U u B T
M B ∑ ß @ B M v o B

Pensieri:

_____

_____

_____

_____

V° MESE
II° settimana [giorno 1]
30 stimoli

Data:

*Cerca la **B** in 30 secondi!*

Ω	B	œ	y	B	p	B	E	N	B
K	A	B	M	ß	B	Z	K	B	S
B	n	X	V	∫	@	ß	§	w	B
©	B	A	B	à	B	ø	B	C	Ω
D	T	B	∂	U	L	B	G	S	B
ß	€	E	X	B	A	V	B	D	K
X	D	B	E	G	J	B	w	B	d
B	L	©	n	B	D	H	B	D	¬
å	q	B	n	Δ	B	U	u	B	T
M	B	Σ	ß	@	B	M	v	o	B

Pensieri:

_____

_____

_____

_____

V° MESE
II° settimana [giorno 2]
30 stimoli

Data:

*Cerca la **B** in 30 secondi!*

Ω B œ y B p B E N B

K A B M ß B Z K B S

B n X V ∫ @ ß § w B

© B A B à B ø B C Ω

D T B ∂ U L B G S B

ß € E X B A V B D K

X D B E G J B w B d

B L © n B D H B D ¬

å q B n Δ B U u B T

M B Σ ß @ B M v o B

Pensieri:

_____

_____

_____

_____

Data:

*Cerca la **B** in 30 secondi!*

Ω	B	œ	y	B	p	B	E	N	B
K	A	B	M	ß	B	Z	K	B	S
B	n	X	V	∫	@	ß	§	w	B
©	B	A	B	à	B	ø	B	C	Ω
D	T	B	∂	U	L	B	G	S	B
ß	€	E	X	B	A	V	B	D	K
X	D	B	E	G	J	B	w	B	d
B	L	©	n	B	D	H	B	D	¬
å	q	B	n	Δ	B	U	u	B	T
M	B	Σ	ß	@	B	M	v	o	B

Pensieri:

_____

_____

_____

_____

V° MESE
II° settimana [giorno 4]
30 stimoli

Data:

Cerca la **B** in 30 secondi!

```
Ω  B  œ  y  B  p  B  E  N  B
K  A  B  M  ß  B  Z  K  B  S
B  n  X  V  ∫  @  ß  §  w  B
©  B  A  B  à  B  ø  B  C  Ω
D  T  B  ∂  U  L  B  G  S  B
ß  €  E  X  B  A  V  B  D  K
X  D  B  E  G  J  B  w  B  d
B  L  ©  n  B  D  H  B  D  ¬
å  q  B  n  Δ  B  U  u  B  T
M  B  Σ  ß  @  B  M  v  o  B
```

Pensieri:

V° MESE
II° settimana [giorno 5]

30 stimoli

_____

_____

_____

_____ Data:

*Cerca la **C** in 20 secondi!*

M	F	c	y	P	b	H	a	c	w
K	d	€	M	c	q	Z	©	L	S
B	c	X	h	∫	a	c	§	c	Q
©	A	c	M	c	è	ø	c	z	Ω
c	S	y	∂	c	L	B	p	S	P
O	€	S	c	a	Q	D	B	c	K
X	©	Δ	P	c	J	U	w	Z	c
k	L	©	A	®	E	X	e	c	¬
P	q	c	n	Z	u	c	u	L	T
M	c	∑	ß	@	D	w	v	Y	c

Pensieri:

_____

_____

_____

_____

V° MESE
III° settimana [giorno 1]
20 stimoli

Data:

*Cerca la **C** in 20 secondi!*

M	F	c	y	P	b	H	a	c	w
K	d	€	M	c	q	Z	©	L	S
B	c	X	h	∫	a	c	§	c	Q
©	A	c	M	c	è	ø	c	z	Ω
c	S	y	∂	c	L	B	p	S	P
O	€	S	c	a	Q	D	B	c	K
X	©	Δ	P	c	J	U	w	Z	c
k	L	©	A	®	E	X	e	c	¬
P	q	c	n	Z	u	c	u	L	T
M	c	∑	ß	@	D	w	v	Y	c

Pensieri:

_____

_____

_____

_____

V° MESE
III° settimana [giorno 2]
20 stimoli

Data:

*Cerca la **C** in 20 secondi!*

M	F	c	y	P	b	H	a	c	w
K	d	€	M	c	q	Z	©	L	S
B	c	X	h	∫	a	c	§	c	Q
©	A	c	M	c	è	ø	c	z	Ω
c	S	y	∂	c	L	B	p	S	P
O	€	S	c	a	Q	D	B	c	K
X	©	Δ	P	c	J	U	w	Z	c
k	L	©	A	®	E	X	e	c	¬
P	q	c	n	Z	u	c	u	L	T
M	c	Σ	ß	@	D	w	v	Y	c

Pensieri:

V° MESE
III° settimana [giorno 3]
20 stimoli

_____

_____

_____

_____ Data:

Cerca la **C** in 20 secondi!

M	F	c	y	P	b	H	a	c	w
K	d	€	M	c	q	Z	©	L	S
B	c	X	h	∫	a	c	§	c	Q
©	A	c	M	c	è	ø	c	z	Ω
c	S	y	∂	c	L	B	p	S	P
O	€	S	c	a	Q	D	B	c	K
X	©	Δ	P	c	J	U	w	Z	c
k	L	©	A	®	E	X	e	c	¬
P	q	c	n	Z	u	c	u	L	T
M	c	∑	ß	@	D	w	v	Y	c

Pensieri:

_____

_____

_____

_____

Data:

*Cerca la **C** in 20 secondi!*

M	F	c	y	P	b	H	a	c	w
K	d	€	M	c	q	Z	©	L	S
B	c	X	h	∫	a	c	§	c	Q
©	A	c	M	c	è	ø	c	z	Ω
c	S	y	∂	c	L	B	p	S	P
O	€	S	c	a	Q	D	B	c	K
X	©	Δ	P	c	J	U	w	Z	c
k	L	©	A	®	E	X	e	c	¬
P	q	c	n	Z	u	c	u	L	T
M	c	Σ	ß	@	D	w	v	Y	c

Pensieri:

_____

_____

_____

_____

V° MESE
III° settimana [giorno 5]
20 stimoli

Data:

Cerca la **D** in 10 secondi!

O	€	G	X	a	G	+	B	d	K
X	μ	Δ	E	d	J	c	w	Z	ù
h	F	H	y	B	b	H	a	d	w
K	V	€	M	c	q	Z	P	L	S
L	n	X	d	∫	a	F	§	w	d
©	W	√	M	K	è	ø	n	@	Ω
d	T	y	∂	U	L	d	P	S	P
h	F	H	y	B	b	H	a	d	w
K	V	€	M	c	q	Z	P	L	S
k	L	©	d	®	æ	H	e	d	¬
ò	q	T	n	r	u	R	u	N	T
M	A	+	ß	ù	S	W	v	d	M

Pensieri: _____

_____

_____

V° MESE
IV° settimana [giorno 1]
10 stimoli

Data:

Cerca la **D** in 10 secondi!

O	€	G	X	a	G	+	B	d	K
X	μ	Δ	E	d	J	c	w	Z	ù
h	F	H	y	B	b	H	a	d	w
K	V	€	M	c	q	Z	P	L	S
L	n	X	d	∫	a	F	§	w	d
©	W	√	M	K	è	ø	n	@	Ω
d	T	y	∂	U	L	d	P	S	P
h	F	H	y	B	b	H	a	d	w
K	V	€	M	c	q	Z	P	L	S
k	L	©	d	®	æ	H	e	d	¬
ò	q	T	n	r	u	R	u	N	T
M	A	+	ß	ù	S	W	v	d	M

Pensieri: _____

_____

_____

V° MESE
IV° settimana [giorno 2]
10 stimoli

Data:

Cerca la **D** *in 10 secondi!*

O	€	G	X	a	G	+	B	d	K
X	µ	Δ	E	d	J	c	w	Z	ù
h	F	H	y	B	b	H	a	d	w
K	V	€	M	c	q	Z	P	L	S
L	n	X	d	∫	a	F	§	w	d
©	W	√	M	K	è	ø	n	@	Ω
d	T	y	∂	U	L	d	P	S	P
h	F	H	y	B	b	H	a	d	w
K	V	€	M	c	q	Z	P	L	S
k	L	©	d	®	æ	H	e	d	¬
ò	q	T	n	r	u	R	u	N	T
M	A	+	ß	ù	S	W	v	d	M

Pensieri: _____

_____

_____

V° MESE
IV° settimana [giorno 3]
10 stimoli

Data:

108

*Cerca la **D** in 10 secondi!*

O	€	G	X	a	G	+	B	d	K
X	μ	Δ	E	d	J	c	w	Z	ù
h	F	H	y	B	b	H	a	d	w
K	V	€	M	c	q	Z	P	L	S
L	n	X	d	∫	a	F	§	w	d
©	W	√	M	K	è	ø	n	@	Ω
d	T	y	∂	U	L	d	P	S	P
h	F	H	y	B	b	H	a	d	w
K	V	€	M	c	q	Z	P	L	S
k	L	©	d	®	æ	H	e	d	¬
ò	q	T	n	r	u	R	u	N	T
M	A	+	ß	ù	S	W	v	d	M

Pensieri: _____

_____

_____

V° MESE
IV° settimana [giorno 4]
10 stimoli

Data:

Cerca la **D** in 10 secondi!

O	€	G	X	a	G	+	B	d	K
X	μ	Δ	E	d	J	c	w	Z	ù
h	F	H	y	B	b	H	a	d	w
K	V	€	M	c	q	Z	P	L	S
L	n	X	d	∫	a	F	§	w	d
©	W	√	M	K	è	ø	n	@	Ω
d	T	y	∂	U	L	d	P	S	P
h	F	H	y	B	b	H	a	d	w
K	V	€	M	c	q	Z	P	L	S
k	L	©	d	®	æ	H	e	d	¬
ò	q	T	n	r	u	R	u	N	T
M	A	+	ß	ù	S	W	v	d	M

Pensieri: _____

_____

_____

V° MESE
IV° settimana [giorno 5]
10 stimoli

Data:

AUTOVALUTAZIONE V° MESE

Come valuto il mio lavoro?

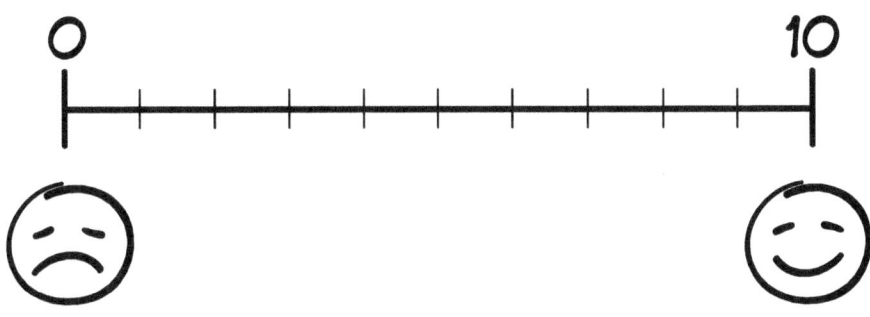

Come mi sento?

_____

_____

_____

_____

_____

Che cosa voglio fare?

_____

_____

_____

_____

_____

Cerca lo ∞ in 20 secondi!

8	∞	G	X	∞	G	+	8	∂	K
X	μ	Δ	E	d	J	c	w	∞	ù
∞	F	∞	y	B	∞	∂	a	d	w
K	∞	€	M	8	q	Z	P	∞	S
L	∂	X	∞	∫	a	F	§	w	d
©	W	√	8	K	∞	ø	n	@	Ω
d	T	∞	∂	U	L	d	∞	S	P
h	8	H	y	B	∞	∂	a	8	w
K	∞	€	M	c	q	Z	P	∞	S
k	L	©	∞	®	æ	H	∞	d	¬
ò	∂	T	n	∞	u	R	u	N	T
M	∞	+	ß	ù	8	∂	v	∞	M

Pensieri: _____

_____

_____

VI° MESE
I° settimana [giorno 1]
20 stimoli

Data:

112

Cerca lo ∞ in 20 secondi!

8	∞	G	X	∞	G	+	8	∂	K
X	μ	Δ	E	d	J	c	w	∞	ù
∞	F	∞	y	B	∞	∂	a	d	w
K	∞	€	M	8	q	Z	P	∞	S
L	∂	X	∞	∫	a	F	§	w	d
©	W	√	8	K	∞	ø	n	@	Ω
d	T	∞	∂	U	L	d	∞	S	P
h	8	H	y	B	∞	∂	a	8	w
K	∞	€	M	c	q	Z	P	∞	S
k	L	©	∞	®	æ	H	∞	d	¬
ò	∂	T	n	∞	u	R	u	N	T
M	∞	+	ß	ù	8	∂	v	∞	M

Pensieri: _____

_____

_____

VI° MESE
I° settimana [giorno 2]
20 stimoli

Data:

Cerca lo ∞ in 20 secondi!

8	∞	G	X	∞	G	+	8	∂	K
X	μ	Δ	E	d	J	c	w	∞	ù
∞	F	∞	y	B	∞	∂	a	d	w
K	∞	€	M	8	q	Z	P	∞	S
L	∂	X	∞	∫	a	F	§	w	d
©	W	√	8	K	∞	ø	n	@	Ω
d	T	∞	∂	U	L	d	∞	S	P
h	8	H	y	B	∞	∂	a	8	w
K	∞	€	M	c	q	Z	P	∞	S
k	L	©	∞	®	æ	H	∞	d	¬
ò	∂	T	n	∞	u	R	u	N	T
M	∞	+	ß	ù	8	∂	v	∞	M

Pensieri: _____

_____

_____

VI° MESE
I° settimana [giorno 3]
20 stimoli

Data:

Cerca lo ∞ in 20 secondi!

8	∞	G	X	∞	G	+	8	∂	K
X	μ	Δ	E	d	J	c	w	∞	ù
∞	F	∞	y	B	∞	∂	a	d	w
K	∞	€	M	8	q	Z	P	∞	S
L	∂	X	∞	∫	a	F	§	w	d
©	W	√	8	K	∞	ø	n	@	Ω
d	T	∞	∂	U	L	d	∞	S	P
h	8	H	y	B	∞	∂	a	8	w
K	∞	€	M	c	q	Z	P	∞	S
k	L	©	∞	®	æ	H	∞	d	¬
ò	∂	T	n	∞	u	R	u	N	T
M	∞	+	ß	ù	8	∂	v	∞	M

Pensieri: _____

_____

_____

VI° MESE
I° settimana   [giorno 4]
20 stimoli

Data:

Cerca lo ∞ in 20 secondi!

8	∞	G	X	∞	G	+	8	∂	K
X	μ	Δ	E	d	J	c	w	∞	ù
∞	F	∞	y	B	∞	∂	a	d	w
K	∞	€	M	8	q	Z	P	∞	S
L	∂	X	∞	∫	a	F	§	w	d
©	W	√	8	K	∞	ø	n	@	Ω
d	T	∞	∂	U	L	d	∞	S	P
h	8	H	y	B	∞	∂	a	8	w
K	∞	€	M	c	q	Z	P	∞	S
k	L	©	∞	®	æ	H	∞	d	¬
ò	∂	T	n	∞	u	R	u	N	T
M	∞	+	ß	ù	8	∂	v	∞	M

Pensieri: _____

_____

_____

VI° MESE
I° settimana [giorno 5]
20 stimoli

Data:

Cerca la ∂ in 10 secondi!

O	∂	G	X	a	G	+	B	∂	K
X	μ	Δ	E	d	J	c	w	Z	ù
h	F	H	y	B	b	∂	a	d	w
K	V	€	M	c	q	Z	P	L	S
L	∂	X	∂	∫	a	F	§	w	d
©	W	√	M	K	è	ø	n	@	Ω
d	T	y	∂	U	L	d	P	S	P
h	F	H	y	B	b	∂	a	∂	w
K	V	€	M	c	q	Z	P	L	S
k	L	©	d	®	æ	H	e	d	¬
ò	∂	T	n	r	u	R	u	N	T
M	A	+	ß	ù	S	∂	v	d	M

Pensieri: _____

_____

_____

VI° MESE
II° settimana   [giorno 1]
10 stimoli

Data:

Cerca la ∂ in 10 secondi!

O	∂	G	X	a	G	+	B	∂	K
X	μ	Δ	E	d	J	c	w	Z	ù
h	F	H	y	B	b	∂	a	d	w
K	V	€	M	c	q	Z	P	L	S
L	∂	X	∂	∫	a	F	§	w	d
©	W	√	M	K	è	ø	n	@	Ω
d	T	y	∂	U	L	d	P	S	P
h	F	H	y	B	b	∂	a	∂	w
K	V	€	M	c	q	Z	P	L	S
k	L	©	d	®	æ	H	e	d	¬
ò	∂	T	n	r	u	R	u	N	T
M	A	+	ß	ù	S	∂	v	d	M

Pensieri: _____

_____

_____

VI° MESE
II° settimana [giorno 2]

10 stimoli

Data:

Cerca la ∂ in 10 secondi!

O	∂	G	X	a	G	+	B	∂	K
X	μ	Δ	E	d	J	c	w	Z	ù
h	F	H	y	B	b	∂	a	d	w
K	V	€	M	c	q	Z	P	L	S
L	∂	X	∂	∫	a	F	§	w	d
©	W	√	M	K	è	ø	n	@	Ω
d	T	y	∂	U	L	d	P	S	P
h	F	H	y	B	b	∂	a	∂	w
K	V	€	M	c	q	Z	P	L	S
k	L	©	d	®	æ	H	e	d	¬
ò	∂	T	n	r	u	R	u	N	T
M	A	+	ß	ù	S	∂	v	d	M

Pensieri: _____

_____

_____

VI° MESE
II° settimana [giorno 3]
10 stimoli

Data:

Cerca la ∂ in 10 secondi!

O	∂	G	X	a	G	+	B	∂	K
X	μ	Δ	E	d	J	c	w	Z	ù
h	F	H	y	B	b	∂	a	d	w
K	V	€	M	c	q	Z	P	L	S
L	∂	X	∂	∫	a	F	§	w	d
©	W	√	M	K	è	ø	n	@	Ω
d	T	y	∂	U	L	d	P	S	P
h	F	H	y	B	b	∂	a	∂	w
K	V	€	M	c	q	Z	P	L	S
k	L	©	d	®	æ	H	e	d	¬
ò	∂	T	n	r	u	R	u	N	T
M	A	+	ß	ù	S	∂	v	d	M

Pensieri: _____

_____

_____

VI° MESE
II° settimana [giorno 4]
10 stimoli

Data:

120

Cerca la ∂ in 10 secondi!

O	∂	G	X	a	G	+	B	∂	K
X	μ	Δ	E	d	J	c	w	Z	ù
h	F	H	y	B	b	∂	a	d	w
K	V	€	M	c	q	Z	P	L	S
L	∂	X	∂	∫	a	F	§	w	d
©	W	√	M	K	è	ø	n	@	Ω
d	T	y	∂	U	L	d	P	S	P
h	F	H	y	B	b	∂	a	∂	w
K	V	€	M	c	q	Z	P	L	S
k	L	©	d	®	æ	H	e	d	¬
ò	∂	T	n	r	u	R	u	N	T
M	A	+	ß	ù	S	∂	v	d	M

Pensieri: _____

_____

_____

VI° MESE
II° settimana   [giorno 5]
10 stimoli

Data:

AUTOVALUTAZIONE VI° MESE

Come valuto il mio lavoro?

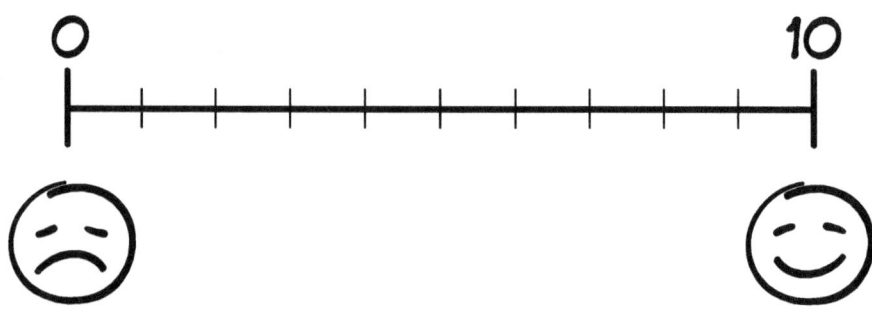

Come mi sento?

_____

_____

_____

_____

_____

Che cosa voglio fare?

_____

_____

_____

_____

_____

• ANNOTAZIONI •

• ANNOTAZIONI •

• ANNOTAZIONI •

• ANNOTAZIONI •

• ANNOTAZIONI •

• ANNOTAZIONI •